LA FIN DES RÉVOLUTIONS

PAR

LA RÉPUBLIQUE

Par HIPPOLYTE MAZE

Ancien préfet des Landes.

I. R.

PARIS

SOCIÉTÉ DU PATRIOTE, rue Saint-Jacques, 161

LE CHEVALIER, éditeur, 61, rue de Richelieu

GERMER-BAILLIÈRE, 17, rue de l'École-de-Médecine

LIBRAIRIE DE LA BIBLIOTHÈQUE DÉMOCRATIQUE
Place des Victoires, nᵒ 9.

1874

TABLE DES CHAPITRES

I

PLUS DE RÉVOLUTIONS!

Il n'y a ni prospérité durable, ni progrès réel, ni vraie grandeur pour un pays qui, tous les quinze ou vingt ans, subit une nouvelle révolution : la France en est là pourtant; lassée, meurtrie, doit-elle voir un terme à ses épreuves? Il faut qu'elle meure ou qu'elle trouve enfin le calme, la sécurité, ces premiers des biens. Nous avons foi dans son avenir; mais sous quelle forme de gouvernement cet avenir se déroulera-t-il? Aujourd'hui, la République existe en fait; devons-nous revenir à la monarchie?

II

LA MONARCHIE A DÉTERMINÉ, DEPUIS UN SIÈCLE, TOUTES NOS RÉVOLUTIONS.

Revenir à la monarchie, c'est bientôt dit; mais tout homme de bonne foi demandera de suite quelle monarchie nous offrirait des garanties suffisantes. Nous avons vu tomber tour à tour la dynastie des Bourbons, celle des Bonaparte, celle des d'Orléans, et l'histoire nous montre que si aucune d'elles n'a réussi à fonder un ordre de choses définitif, c'est que les souverains avaient préparé, occasionné leur chute.

Quand nos pères, en 1789, réclamaient les réformes fondamentales dont nous jouissons aujourd'hui, songeaient-ils à rompre avec les traditions monarchiques de la France? En aucune façon. Les cahiers des États-Généraux sont là pour l'attester. Ce furent les intrigues et les résistances de la Cour, sa connivence avec l'étranger, les faiblesses du roi qui irritèrent les esprits et déterminèrent, en 1792, la proclamation de la République, à laquelle personne ne songeait quatre ans auparavant.

Comment fut détruit le premier empire? L'égoïsme de Napoléon surpassait encore son génie; cet homme pouvait mériter à jamais la reconnaissance de la postérité; il avait l'autorité et le prestige nécessaires pour ouvrir à ses concitoyens une ère nouvelle de calme et de prospérité dans la liberté; il borna son rôle à mêler, de la façon la plus bizarre et la plus hypocrite, des éléments discordants pour refaire, à on profit, une monarchie bâtarde; il fatigua la France, l'Europe, le monde, par son despotisme, sa politique de violences et de conquêtes, ses attentats contre tout ce qu'il y a de sacré ici-bas. Il avait trouvé notre pays agrandi, respecté sous la République; il le laissa envahi, plus petit qu'au xviie siècle, dépeuplé, ruiné par dix ans de guerre; son ambition sans frein et son génie autoritaire le perdirent après nous avoir fait, au dedans comme au dehors, un mal immense.

La monarchie « légitime, » restaurée en 1814, fut-elle plus prudente qu'autrefois? Par son aveuglement, par sa prétention de reconstituer l'ancien régime, elle rendit possible la folle tentative des Cent-

Jours ; elle prit une lourde part de responsabilité dans les douloureux événements de cette période et les traités de 1815.

L'accord sembla un moment rétabli entre les Bourbons et la nation ; s'il fut de nouveau troublé, c'est que le gouvernement sembla prendre plaisir à irriter le pays ; c'est que Charles X, violant ses serments, rompit le pacte grâce auquel sa famille avait été rétablie sur le trône. Les journées de 1830 ne furent qu'une réponse à l'insolent défi du roi.

On disait un jour à la Chambre que la révolution de 1848 avait été une surprise. Un député des Landes, Frédéric Bastiat, répondit : « Il est possible « que le fait extérieur soit le résultat d'un accident « qui aurait été arrêté....., ou du moins retardé ; « mais les causes générales ne sont pas du tout for- « tuites..... Une brise, en passant, fait tomber un « fruit... Si on avait pu empêcher la brise de passer, « le fruit ne serait pas tombé. Oui, mais à une con « dition, c'est que le fruit n'eût pas été pourri et « rongé (1). » Bastiat avait raison, au fond, dans sa sévérité de jugement ; le fruit était rongé en plus d'un sens ; surtout l'aveugle résistance du Gouver-

(1) Discours du 12 décembre 1849 à l'Assemblée nationale.

nement de juillet à de justes demandes, aux revendications les plus légitimes, devait avoir, tôt ou tard, de fatales conséquences.

Que dire du 4 septembre 1870 ? Jamais le renversement d'un pouvoir établi s'expliqua-t-il mieux par les fautes de ce pouvoir ? Le mot de renversement est même ici absolument inexact. Le second empire n'a point été renversé; il s'est écroulé, c'est encore trop dire, il s'est écoulé. Après le Mexique, après le plébiscite, après la guerre de Prusse, après Sedan, l'indignation publique ne permettait pas que nos destinées fussent plus longtemps le jouet d'un gouvernment imprévoyant, égoïste, corrompu, faisant passer des intérêts dynastiques avant ceux du pays, finissant par se déshonorer même sur les champs de bataille et par livrer la France à l'étranger, après avoir commencé par les crimes de décembre, donné tous les scandales et faussé pendant vingt ans le suffrage universel.

Donc, si depuis un siècle nous avons vu disparaître quatre ou cinq monarchies, ce sont les gouvernements eux-mêmes qui ont provoqué ces bouleversements périodiques. On parle trop du génie révolutionnaire de la France; tant de déplorables secousses n'ont été déterminées que par les fautes, l'incurie, l'aveuglement des rois et des empereurs

La science moderne dit : « L'homme ne meurt pas, il se tue. ». On peut répondre aux Bourbons, aux Bonaparte, aux d'Orléans, quand ils nous taxent d'inconstance et d'ingratitude : « N'accusez pas la « France ! ce n'est pas elle qui vous a arraché le « sceptre ; c'est vous qui, de vos propres mains, avez « brisé votre trône, entraînant dans la catastrophe « cette nation généreuse et crédule qui avait fait « ou même, hélas ! renouvelé avec vous de trop « cruelles expériences. »

III

COMMENT ONT FINI LES DEUX PREMIÈRES RÉPUBLIQUES.

On dira peut-être : « Oui, la monarchie n'a pas
« su nous mettre à l'abri des révolutions; mais la
« République nous y a-t-elle donc mis davantage?
« Elle a duré moins encore que les monarchies;
« elle a été détruite comme elles et plus tôt
« qu'elles. » Cette réponse n'est que spécieuse. Sans
doute, la République a succombé, mais comment?
Est-ce en provoquant de grandes commotions na-
tionales comme celles de 1792, de 1830, de 1848, de
1870? Combattue par toutes les ambitions dynastiques, en butte aux calomnies les plus odieuses, elle
a été la victime d'attentats que tous les honnêtes
gens jugent de même. On a essayé d'expliquer le
18 Brumaire et le 2 Décembre; on n'a pas réussi à
les justifier; en 1851 comme en 1799, ce n'est pas la
na ion qui a fait une révolution; c'est un conspira-

teur audacieux et parjure qui a violé les lois à son profit personnel. Ajoutez qu'à ces deux époques la République a été immolée au moment où elle avait triomphé des plus graves difficultés, réparé les fautes inséparables des circonstances parmi lesquelles elles s'était constituée et des débuts de tout gouvernement.

Quand Bonaparte fit disperser la représentation nationale et substitua la volonté d'un homme, d'un homme seul à celle de la France, transformée en un régiment (1), la République avait repoussé l'étranger, reculé nos frontières, rétabli l'ordre à l'intérieur; ce régime, que ni l'invasion européenne, ni la plus terrible guerre civile, ni la Terreur, amenée par toutes deux, n'avaient pu tuer, ce fut sous des baïonnettes françaises qu'il succomba, quand, sortie vivante et victorieuse de tant d'épreuves, la patrie voyait se fermer ses plaies.

La période qui s'étend de 1848 à 1851 avait été l'une des plus fécondes de notre histoire en réformes politiques et sociales, en progrès de tous genres; on en avait fini avec les émeutes, sévèrement réprimées lorsqu'elles s'étaient produites. Tranquilles en face des complots organisés par les

(1) Mignet, *Révolution française.*

monarchistes, les Républicains ne faillirent que par excès de confiance dans la loyauté de leurs adversaires; toutes les armes furent employées contre eux. La provocation à une lutte, hélas! trop inégale, vint de celui qui était chargé de faire respecter la constitution et qui la foula aux pieds. Quelle analogie sérieuse pourrait-on établir entre de tels coups u'État et nos autres révolutions ?

IV

LA RÉPUBLIQUE DE 1870.

Éclairée par les désastreuses conséquences des attentats de Brumaire et de Décembre, par les cruelles leçons de 1815 et 1870, la France ne permettra pas que la troisième République soit sacrifiée, comme les deux premières, à un homme, quel que soit cet homme. Un concours de circonstances inouies nous a rendu « la forme naturelle d'un gouvernement normal » (1) ; pourquoi y renoncer?

Qu'on argumente tant qu'on voudra sur le pacte de Bordeaux, qu'on le veuille ou non, nous sommes en République ; le chef de l'État s'appelle le Président de la République française ; c'est au nom de la République que les lois sont rendues ; c'est pour la

___

(1) *Paix et Liberté* (Paris, Guillaumin, 1849), par Frédéric Bastiat.

République que le clergé invoque Dieu solennellement dans les églises. On ne saurait détruire ce prétendu « provisoire » sans une révolution, encore une révolution. Qui donc oserait en prendre la responsabilité devant le pays et devant l'étranger? Quel pouvoir aurait rendu, depuis deux ans, plus de services que cette République, tant injuriée, tant incriminée?

Elle n'a pas reculé devant l'effroyable tâche que lui léguaient les fautes de l'empire. Après Sedan, d'une main ferme, elle a relevé le drapeau national; c'est son premier titre de gloire; même après Metz, elle n'a pas désespéré de la Patrie; elle a étonné nos ennemis et l'Europe; qu'on se rappelle les bulletins du *Times* après Coulmiers! Elle a sauvé notre honneur en poussant la résistance jusqu'aux dernières limites; on aura beau tourner en ridicule ses régiments improvisés, ses mobiles et ses mobilisés; à de rares exceptions près, ils ont fait tout ce dont étaient capables des conscrits en face de troupes aguerries. Pendant la guerre, l'ordre a été maintenu sans violences, malgré les agitations des partis. Depuis, la République a comprimé l'insurrection la plus formidable dont notre histoire fasse mention; elle a rétabli le crédit matériel et moral de la France dans des proportions véritablement inouïes au lendemain de tels désastres ; grâce à elle, notre sol a été débarrassé en partie de l'étranger, et le sera bientôt complétement. Qu'ils lui jettent la première pierre, ceux qui auraient mieux fait à sa place !

La République ne pouvait signer la paix ni après Sedan, ni après Metz ; elle n'eût fait que se déshonorer, et le pays n'aurait point accepté sitôt les tristes conditions auxquelles il dut se résigner dans la suite. On croyait généralement, après la chute de l'empire, à la possibilité d'une défense sérieuse, d'une revanche au moins sur le sol national. Sans cette croyance, quelle eût été la force du gouvernement du 4 septembre? Si ce gouvernement a été acclamé, obéi, respecté, quoiqu'il n'eût reçu aucune sanction légale, c'est qu'on avait foi dans l'issue de la lutte sous sa direction ; ceux qui avaient donné à leur œuvre ce beau nom, le nom unique de Défense nationale furent conséquents avec eux-mêmes, en restant fidèles jusqu'à la fin à leur mission. La tâche diplomatique qui incomba plus tard à M. Thiers était immense ; on sait comment elle a été remplie ; tous les partis sont d'accord à cet égard. Voilà pour le dehors. Quant au dedans, si la Commune eût trouvé en face d'elle un autre gouvernement que celui de la République, elle aurait étendu sur le territoire entier les plus dangereuses ramifications ; elle aurait pu trouver de nombreux alliés, à ses débuts du moins, quand on ne pouvait encore pressentir les crimes dont elle se souilla plus tard, quand on la disait constituée uniquement pour résister aux intrigues monarchiques. Le gouvernement légal établi à Versailles le sentit si bien, qu'il proclama sa ferme intention de respecter la République comme un dépôt sacré confié à sa garde ; il autorisa ses représentants à déclarer qu'on le calomniait(1) quand on l'accusait de pactiser

(1) Le 24 mars 1871, nous recevions de M. Ernest Picard, ministre de l'intérieur, une lettre spéciale de félicitations pour notre proclamation au département des Landes ; on lisait dans cette proclamation, datée du 21 mars :

« Le Gouvernement a déclaré solennellement qu'il enten-
« dait maintenir, qu'il consacrerait tous ses efforts à fonder la
« République ; ceux qui l'accusent de préparer des coups d'État
« à la façon des Bonaparte le calomnient et l'insultent, pour se
« couvrir d'un prétexte en l'attaquant ; ils auront contre eux le
« pays tout entier, qui n'entend point pactiser avec l'émeute, et
« qui demande à l'autorité légale de maintenir, au besoin, son
« droit par la force ; ayons confiance ! La République a survécu
« à la guerre étrangère ; elle survivra à d'odieuses tentatives de
« guerre civile qu'elle saura comprimer ; quelques agitateurs,
« quelques doctrinaires du désordre, lie de la capitale, élément
« inévitable, hélas ! des grands centres de population, ne réussi-
« ront pas à troubler l'œuvre de réorganisation d'où sortiront,
« avec l'aide de Dieu, des institutions libres, une rénovation
« morale trois fois nécessaire et la résurrection de la Patrie ! »

avec des conspirateurs quels qu'ils fussent ; jamais rois ni empereurs n'eussent triomphé de la Commune ; par son existence seule, une autorité monarchique quelconque eût fourni de nouvelles armes à la capitale révoltée et des arguments irrésistibles à ceux qui voyaient comme à ceux qui feignaient de voir dans les Parisiens les soutiens de la République ; on eût soulevé, plus aisément qu'on ne le croit aujourd'hui, l'opinion en faveur de la capitale qui avait alors tout le prestige de son héroïque défense. Tenter de détruire la République, c'eût été donner le signal d'une guerre civile générale, effroyable, très-certainement suivie d'une seconde invasion ; c'eût été décréter la ruine, la mort du pays ! Voilà ce que la prudence, le patriotisme, la fermeté du gouvernement présidé par M. Thiers ont empêché ; nous lui en devons une profonde reconnaissance. Libre à quelques ingrats d'oublier ; la France se souviendra par qui et comment elle a été sauvée.

V

ORDRE, STABILITÉ ET PROGRÈS PAR LA RÉPUBLIQUE.

Le grand exemple donné en 1871 et l'expérience faite pendant deux années si difficiles à traverser prouvent jusqu'à l'évidence que la République, bien loin d'être, comme le disent ses adversaires, la négation de l'ordre, en est, au contraire, l'affirmation la plus éclatante. Ajoutons qu'aucun gouvernement n'a été, ne sera plus capable de comprimer toute tentative de rébellion, toute agitation factieuse, tout manque de respect à la loi. Pourquoi? parce que jamais l'intérêt dynastique n'apparaîtra derrière les mesures, même rigoureuses, que la République croira devoir prendre; parce que jamais on ne pourra entrevoir un dessein personnel sous une résolution prise par le gouvernement. En France, sous la monarchie, la répression des troubles, du désordre, par quelque procédé que ce fût, revêtait invariablement, aux yeux du public, tout au moins d'un certain public, l'apparence d'une vengeance personnelle; quel journaliste, condamné sur le réquisitoire d'un simple procureur, ne s'en prenait, avec toute la presse de l'opposition, au souverain? Combien d'agitateurs poursuivis sur les ordres d'un préfet ou d'un ministre, frappés dans la lutte, emprisonnés, élevaient aussitôt leur haine jusqu'au chef de l'État, en arrivaient à rêver une révolution! Sous la République, en sera-t-il ainsi pour un Président? Les circonstances ont donné à M. Thiers des pouvoirs beaucoup plus étendus que ne seront certainement ceux de ses successeurs; est-ce lui cependant qu'on accuse des condamnations politiques prononcées chaque jour? Son autorité est en dehors et au-dessus de tout soupçon; à plus forte raison, le sera celle des futurs Présidents, qui interviendront de moins en moins dans les détails; on se persuadera plus aisément qu'un simple citoyen, délégué temporaire et responsable du pays, représente, défend uniquement l'intérêt général. Ainsi la République garantira au pouvoir, pour faire respecter la loi, plus d'autorité morale et, par conséquent, au besoin, plus de force matérielle que n'en eurent jamais les rois et les empereurs les plus puissants en apparence.

Ce ne serait pas assez de maintenir l'ordre ; il faut assurer la stabilité, et, en France, la République seule peut l'assurer aujourd'hui.

Tant de révolutions ont détruit la foi dans la monarchie traditionnel e. Cette foi avait eu son utilité, sa grandeur ; elle a disparu, déracinée par les rois eux-mêmes ; l'attachement aux familles princières, anciennes ou récentes, n'existe plus guère qu'à l'état d'exception, et la plupart des Français se sont désintéressés des questions dynastiques. Uniquement soucieux de confier aux plus capables, aux plus dignes la direction de leurs affaires, ils sont fréquemment amenés, par les fautes des gouvernants comme par la mobilité naturelle de leur caractère, à désirer des changements de personnes. Ces changements ne s'accomplissaient, sous la monarchie, qu'avec de grandes difficultés et la plupart du temps sans modifier réellement la situation ; nos gouvernements s'incarnaient régulièrement et malheureusement dans le souverain ; les ministres passaient ; au fond, rien n'était changé, et, pour en finir, il fallait une révolution. Seule, la République nous donnera, sans troubles, des satisfactions sérieuses et suffisantes. Son principe fondamental, c'est l'élection à tous les degrés, l'élection fréquemment renouvelée ; le pays saura qu'à des époques déterminées il pourra, sans autres armes que des bulletins de vote, maintenir ou renverser son premier mandataire tout comme les autres. Cette certitude, en même temps qu'elle sera pour le pouvoir un constant et salutaire avertissement, contribuera singulièrement à calmer les esprits; il est même probable qu'elle nous rendra plus enclins à ménager et à laisser en fonctions ceux qu'il serait si facile de congédier; de l'instabilité apparente des institutions républicaines sortira donc la véritable stabilité, celle qui repose sur l'assentiment public; et qu'on ne craigne rien pour l'unité, pour la grandeur de notre politique; le gouvernement républicain sera purement et simplement une émanation de la représentation nationale. Si l'esprit et le génie de la France n'étaient pas dans ses assemblées librement élues, où donc se retrouveraient-ils?

V

LA RÉPUBLIQUE NE MENACE AUCUN DES GRANDS INTÉRÊTS SOCIAUX.

La République assure l'ordre et la stabilité ; menace-t-elle les croyances religieuses, la famille, la propriété ?

Les Républicains n'ignorent pas que les gouvernements doivent tenir compte et grand compte des croyances religieuses ; mais ils ne seraient pas seulement les plus impolitiques, ils seraient les plus coupables des hommes s'ils inquiétaient, à quelque degré que ce fût, ces croyances. Dans tous les pays, dans tous les temps, ils ont défendu la liberté de conscience, et, maîtres du pouvoir, ils deviendraient persécuteurs à leur tour ! Des préventions aveugles pourraient seules inspirer de telles craintes. On cite les mauvais jours de 1793 ; faut-il rappeler comment ils ont été amenés ? Les véritables auteurs des violences ne sont pas toujours ceux qui les commettent; du reste, jugera-t-on le catholicisme par la Saint-Barthélemy et les Dragonnades? Est-ce que le clergé s'est si mal trouvé d'avoir béni les arbres de la liberté en 1848? Les églises, les temples sont-ils moins fréquentés depuis 1870? J'entends dire que les grandes épreuves de ces derniers temps ont fortifié et comme rajeuni la foi dans un certain nombre d'âmes; nous ne prétendons pas qu'on en fasse honneur à la République, mais, du moins, qu'on veuille bien ne pas attribuer à ce gouvernement des projets, des intentions qu'il répudie hautement. Surtout, qu'on n'affecte pas de le confondre avec la Commune parisienne; qu'on ne le rende pas responsable des attentats commis dans la capitale en 1871; qu'on ne lui reproche pas la violatiion des édifices sacrés, l'assassinat des ôtages; ce sont là d'odieuses calomnies; la République n'a rien de commun avec les auteurs de tels crimes; c'est elle qui leur a fait une guerre impitoyable, les a vaincus et châtiés.

Ah! sans doute, la République n'est pas seulement respectueuse de tel ou tel culte; elle l'est de tous; mais c'est qu'elle voit dans tous, sous des formes différentes, un hommage rendu au principe supérieur, éternel, devant lequel les générations humaines ne cessent de s'incliner. Les gouvernants ne

sont pas des théologiens; ils n'ont pas mission de
décider entre la vérité religieuse et l'erreur; leur
devoir se borne à assurer, dans la plus large mesure,
le libre exercice des cultes; la République n'y faillira
pas.

L'on dit que certaines fractions du clergé catho-
lique s'effraient d'une doctrine, encore mal définie
du reste, qu'on appelle la séparation de l'Église et
de l'État; mais cette doctrine compte des partisans
dans les camps monarchiques comme dans les autres, parmi les croyants comme parmi les philoso-
phes; que nous adoptions telle ou telle forme de
gouvernement, le problème n'en restera pas moins
posé; qu'on ne s'en prenne donc point spécialement
aux Républicains! Les croyances religieuses ont
survécu à l'établissement de la liberté de conscience
que le clergé considérait comme si redoutable et
qu'il avait si longtemps combattue; la séparation des
Églises et de l'État ne leur serait pas plus fatale;
d'éminents esprits estiment même qu'elles en rece-
vraient une force nouvelle.

La République n'est pas plus hostile à la famille
ou à la propriété qu'à la religion. Qu'il y ait eu,
qu'il y ait encore, parmi les Républicains, des rêveurs, des sectaires cherchant à constituer la société sur des bases nouvelles ou même à la boule-

verser, cela est possible; mais ces rêveurs et ces
sectaires, combien sont-ils? Se sont-ils rencon-
trés, d'ailleurs, seulement dans les rangs des Républicains? Les Saint-Simoniens, par exemple, appar-
tenaient-ils tous à ce parti? Pris en masse, les Républicains sont, comme les monarchistes, des pères de
famille, des propriétaires, d'honnêtes travailleurs in-
téressés au maintien de l'ordre social. Songez qu'ils
forment aujourd'hui, non une coterie, mais une
portion considérable de la nation, et qu'ils seront tout
à l'heure la France elle-même. A qui persuadera-
t-on qu'une école politique, sans respect pour des
principes aussi fondamentaux, recruterait chaque
jour des adeptes dans toutes les classes de la société?
Comment les conservateurs des nuances les plus
diverses lui apporteraient-ils leur adhésion? Croit-
on notre pays peuplé de fous ou de coquins? Hier
encore, un homme qui semblait à jamais rattaché à
la monarchie par d'honorables traditions et par son
propre passé, M. Casimir Perier déclarait qu'il avait
été « conduit à se prononcer nettement et sans ar-
« rière-pensée pour la forme républicaine, la seule
« qui lui parût aujourd'hui destinée à préserver la
« France d'une crise anarchique (1). » Cet éclatant

(1) Lettre au *Journal des Débats*, du 14 septembre 1872.

aveu, ceux que M. Thiers lui-même a faits tant dans les conversations particulières qu'à la tribune, voilà des réponses éclatantes à d'injustes attaques : elles snffiront aux honnêtes gens sans préventions.

VII

LA RÉPUBLIQUE ET L'EUROPE.

A bout d'arguments, les ennemis de la République disent : « Jamais ce gouvernement ne pourra s'établir en France et durer, parce que l'Europe ne le permettra pas. »

Une telle assertion est aussi injurieuse qu'inexacte. Eh quoi ! en sommes-nous réduits à consulter nos voisins, même sur ces questions d'organisation intérieure ? Vaincus et dépouillés par l'Allemagne, grâce à l'incurie de l'empire, faudra-t-il encore accepter le souverain choisi à Berlin ? Déclarons tout de suite que la France est une seconde Pologne ! On a trop exalté naguère notre orgueil national ; on le rabaisse trop aujourd'hui ; il s'écoulera encore bien des siècles avant qu'on puisse faire si bon marché des aspirations, de la volonté, des droits de la France; quand une nation donne les preuves de vitalité que celle-là vient de fournir, on peut être tranquille sur son avenir. Certes, si nous prenions à tâche d'irriter, de provoquer les puissances voisines, nous consti-tuerions fort aisément contre nous une coalition bien redoutable; il faut, dans le concert européen de l'accord, de l'entente; mais de quoi s'agit-il, en définitive? Nous demandons à organiser un gou-vernement libre sans doute, mais calme, régulier, définitif; l'Europe n'y est pas moins intéressée que la France. Au fond, que désire-t-elle pour notre pays? ce que nous désirons nous-mêmes : la fin des révolutions.

Si la République est seule capable de clore l'ère de nos bouleversements, non-seulement elle ne sera pas inquiétée par les puissances, mais elle sera acceptée avec reconnaissance. C'est une épreuve à enter et jusqu'ici elle ne semble pas si mal réussir; l'Angleterre a plusieurs fois déclaré qu'elle voyait avec sympathie nos efforts pour consolider le gouvernement actuel; elle vient de choisir le Président de la République française pour arbitre sans appel dans sa querelle avec le Portugal; il y a quelques semaines, au milieu de ces fêtes prussiennes dont on avait fait tant de bruit, à Berlin même, le czar et l'empereur d'Autriche donnaient, une fois de plus, à notre ambassadeur, l'assurance de leur bon vouloir; il y aurait imprudence, sans doute, à spéculer sur ce bon vouloir, à s'en exagérer l'étendue, mais enfin il existe; quant à la Prusse, dans l'enivrement de ses triomphes, elle n'a pas craint de traiter avec notre jeune République, d'accepter sa parole, et ses milliards lui paraissent, semble-t-il, aussi valables que ceux de la monarchie. Laissons d'ailleurs l'avenir se dérouler; l'Allemagne, la Russie, l'Autriche, sans parler de l'Angleterre, sont d'accord sur peu de questions; le czar peut-il voir sans inquiétude l'empire prussien prendre de si vastes proportions? Comment François-Joseph oublierait-il Sadowa? Tous deux se garderont bien d'empêcher la reconstitution pacifique de la France.

Si nous gardons chance, et nous le croyons, de reprendre une grande place dans le monde, ce sera grâce au maintien de la République. Comme monarchie, la France viendrait aujourd'hui au quatrième ou cinquième rang; de plus, une dynastie quelconque ne pourrait monter sur le trône sans chercher un titre ou un prestige dans une guerre de revanche, et son rétablissement, loin de nous rendre la bienveillance des têtes couronnées, éveillerait forcément, fatalement, contre notre pays les défiances de l'étran-

er (1); comme République, la France tiendra fixés
ur elle, avec un profond intérêt, les regards des
euples. Qu'elle reste sage et libre; elle deviendra
our le monde un salutaire et fécond exemple ; enfin,
lle achèvera de cimenter son union, si grave pour
'avenir, avec la République américaine, qui se sou-
ient de Lafayette et qui tend à sa sœur cadette, à
ravers les mers, une main amie.

(1) Voir les excellents articles publiés en octobre par le *Temps*
ur ce sujet.

VIII

NÉCESSITÉ DE LA RÉPUBLIQUE EN FRANCE.

Nous avons montré que la République offrait aux conservateurs autant et plus de garanties que la monarchie; mais, en vérité, nous devons nous féliciter qu'il en soit ainsi, car la République est aujourd'hui nécessaire en France. Elle l'est d'abord parce que les partisans de la monarchie n'ont pas même su s'entendre sur le choix d'un roi et qu'ils restent convaincus d'impuissance.

En février 1871, s'est réunie, au milieu des circonstances les plus extraordinaires qu'on puisse imaginer, une assemblée dont les tendances monarchiques ne faisaient doute pour personne. Pourquoi cette assemblée n'a-t-elle pu passer de la théorie à la pratique? C'est que les membres d'une majorité, d'apparence fort compacte, n'étaient pas d'accord en réalité. Les uns revendiquaient le trône pour « l'héritier légitime de nos rois; » les autres pour un d'Orléans; d'autres encore pour un Bonaparte. Les divisions ne s'arrêtaient même pas là; le parti orléaniste offrait deux prétendants: M. le duc d'Aumale et M. le comte de Paris, qui ne désavouaient ni l'un ni l'autre leurs amis; le parti bonapartiste était plus fécond encore en solutions également avantageuses sans doute; plusieurs tenaient pour l'homme de Décembre et de Sedan; l'idée d'une régence avec l'ex-impératrice était goûtée de quelques uns; on escomptait jusqu'aux chances du héros de Crimée et d'Italie; c'était la confusion des langues, une véritable Babel, et l'état des choses ne s'est pas modifié depuis. Tout récemment, au sein de la commission de permanence, M. Thiers jetait aux monarchistes cette véhémente apostrophe: « Vous avez des pré« tendants! montrez-les! je défie qui que ce soit « de venir dire qu'un gouvernement autre que « celui de la République est désormais possible « en France! » Et le pays applaudissait. Le spectacle de misérables et interminables dissensions entre les monarchistes n'a pu que profiter à la République; l'on a généralement accepté la seule solution qui excluait du même coup toutes les dynasties et toutes les chances de guerre civile.

Mais quand même les monarchistes auraient réussi à se mettre d'accord, la République n'en demeurerait pas moins le gouvernement nécessaire. Nous avons adopté en 1848, comme base fondamentale de nos institutions, un principe qu'on a pu fausser, dont on peut vouloir modifier les applications, mais qu'on ne fera pas disparaître : le suffrage universel. Avec le suffrage universel, l'hérédité dynastique n'est qu'un vain mot; nous ne saurions plus lier indéfiniment le pays à telle ou telle famille princière, même à tel ou tel homme; nos enfants détruiraient trop aisément notre œuvre; nous n'avons le choix qu'entre la République et une monarchie élective, véritable monstre politique auquel les leçons de l'histoire et le plus simple bon sens interdisent de songer; la forme républicaine s'impose donc moralement à nous comme la seule conséquence logique du suffrage universel.

Est-ce un si grand malheur que de nous trouver réduits à adopter le plus économe des gouvernements, le plus facile à contrôler, le plus conforme à la dignité humaine, le plus compatible avec le progrès calme, régulier, constant, le seul enfin dont nous n'ayons jamais sérieusement essayé? Je rappelle encore ici la noble lettre qu'écrivait récemment M. Casimir Périer: (1) « Dans le cours d'un siècle « presque entier de révolutions successives, toutes « les formes de gouvernement ont été essayées tour « à tour, sauf une seule, celle d'une République ré- « gulière, loyalement acceptée de la majorité de la « nation, servie sans prévention d'une part, sans fai- « blesse de l'autre. C'est une épreuve qui nous reste « à faire... »

Honnêtes gens de tous les partis, hommes de bon sens et de bonne foi, bien des questions vous divisent; sur une seule peut-être vous êtes d'accord; vous ne voulez plus de révolutions! Vous connaissez le mot amer et profond de lord Brougham, un adversaire digne d'être écouté: « Heureusement que la France « fait une révolution tous les quinze ans; sans quoi « elle serait la première nation du monde. » Pour la patrie si troublée, si tourmentée depuis un siècle, pour la société, pour vos enfants, vous demandez la paix intérieure, un avenir tranquille et sûr. Toutes les familles princières vous ont promis la sécurité, aucune ne vous l'a donnée.

Ramenés à la République par la force des choses,

(1) Lettre au *Journal des Débats*, du 14 septembre 1872, déjà citée.

irez-vous reprendre un de ces fétiches légitimes ou illégitimes dont vous avez dû vous débarrasser cinq ou six fois en quatre-vingts ans? Ah! quand vous songez aux horreurs de l'invasion, à ces deux provinces perdues, à cette rançon de cinq milliards, pouvez-vous ne pas regretter la destruction de la République en 1851? Pouvez-vous ne pas vous écrier, comme le faisait, dès 1849, Frédéric Bastiat: « Nous « sommes en République; restons-y; restons-y, « puisqu'elle reviendrait tôt ou tard; restons-y puis- « qu'en sortir ce serait rouvrir l'ère des bouleverse- « ments et des guerres civiles? » (1) Croyons-en ce savant et ce sage, croyons-en tant d'éminents convertis, croyons-en surtout l'illustre vieillard qui, après avoir passé sa vie au service des monarchies, termine sa carrière politique en devenant notre Washington! Formons la coalition des intérêts bien entendus; donnons-nous la main, non pour détruire, mais pour conserver et améliorer ce qui existe, pour fonder un gouvernement honnête, laborieux, libre et stable, qui fasse une large place à l'initiative individuelle sans en laisser au désordre, qui respecte les scrupules honorables, mais qui appelle à lui tous les enfants de la France, qui assure le progrès pacifique

____

(1) *Paix et Liberté*. Paris. Guillaumin. 1849.

en garantissant les grands intérêts sociaux; con-
sacrons nos forces à l'accomplissement d'une œuvre
si digne de nous tenter; il nous sera bientôt donné
de consoler et de relever la patrie.

894. — Imp. Moderne, Barthier dr, rue J.-J.-Rousseau, 61.